AF542326

# EDICT DV ROY,

Portant entre autres choses le prix que sa Majesté veut que le marc d'or & d'argent soit vendu par les Orfeures, Ioyaulliers, Affineurs, & autres.

ET

REGLEMENT SVR LE FAICT dudit Mestier d'Orfeurerie.

*Leu, publié, & registré en la Cour des Monnoyes le 8. Ianuier 1637.*

A PARIS,
Chez SEBASTIEN CRAMOISY Imprimeur ordinaire du Roy, & és Monnoyes, ruë sainct Iacques, aux Cicognes.

M. DC. XXXVII.
AVEC PRIVILEGE DV ROY.

LOVIS par la grace de Dieu Roy de France & de Nauarre. A tous ceux qui ces preſentes Lettres verront, Salut. Les grands deſordres qui ſe ſont gliſſés depuis quelques années en noſtre Royaume, tant au faict des monnoyes que de l'Orfeurerie, par le cours & expoſition de toutes ſortes de mauuaiſes eſpeces eſtrangeres, foibles, legeres, & de mauuais alloy, billonnement, tranſport, & fonte de nos bonnes & fortes monnoyes, ſurachat & ſuruente du prix du marc d'or & d'argent par les Affineurs, Orfeures, Ioyaulliers, Merciers, Batteurs & Tireurs d'or & d'argent, Graueurs, Doreurs, & autres artisans & marchans trauaillans & trafiquans d'or & d'argent, & par la fabrication excessiue de quãtité d'ouurages d'Orfeurerie d'vn poids extraordinaire & excessif, Nous ayant obligez pour y apporter quelque remede d'arrester & limiter par nostre Edict & Declaration des mois de Mars & Iuin derniers passez, le prix des monnoyes courantes, & en suite de reigler par Arrest de nostre Conseil d'Estat du premier May ensuiuant, le prix du marc d'or fin à trois cens vingt liures, & du marc d'argent le Roy à vingt-trois liures dix sols, auec defenses aux Orfeures, & autres y dénommés, de l'acheter & vendre à plus haut prix, sur les peines y contenues: Esperans par ce moyen reprimer la licence que les dits Orfeures & autres se sont donnez de suracheter & suruendre l'or & l'argent de leurs ouurages, dequoy s'estans depuis plaints que ledit prix par nous donné au marc d'or & d'argent par ledit Arrest de nostre Conseil, n'estoit iustement proportionné à la valeur du marc ouuré selon l'augmentation que nous auons donné aux especes d'or & d'argẽt par nostredit Edit & Declaration, & qu'en cela ils estoient interessés, en ce que le tiltre de leurs ouurages est plus haut que celuy des especes d'argent qui se fabriquent en nos monnoyes, à nos coins & armes, Nous aurions, ayant esgard à leurs plaintes, par autre Arrest donné en nostre Conseil, & en nostre presence, le dixiesme Septembre dernier, en attendant vn reglement general pour la reformation de nos Monnoyes, par prouiſion, & iuſques à ce que autrement y ait eſté par nous pourueu, Ordonné, que les Maiſtres & Fermiers particuliers de nos Monnoyes, ſeroient tenus payer à ceux qui leur apporteroient des matieres & vaiſſelles d'or & d'argent à vendre; Sçauoir du marc d'or fin, trois cens quatre vingts quatre liures, & du marc d'argent le Roy, vingt cinq liures, nonobſtant ledit Arreſt du premier iour de May dernier, auquel pour ce regard ſeulement aurions dérogé. Et bien que ce dernier prix par nous conſtitué au marc d'or & d'argent, par l'auis meſmes de quelques Orfeures, les deuſt contenter & retenir de plus ſuracheter & ſuruendre l'or & l'argẽt de leurs ouurages: Neantmoins nous ſommes aduertis que aucuns d'eux ont encores esté si osez, depuis la publication de nostredit Arrest du dixiesme Septembre dernier, que d'encherir, suracheter & suruendre publiquement en leurs boutiques, le marc d'argent de leurs ouurages, iusques à vingt-sept, vingt huict & vingt-neuf liures, non compris la façō. Ce qu'ils ont faict d'autant plus hardiment que l'impunité de leurs abus leur donne l'audace de contreuenir à nos Ordonnances, & à nos Arrests, n'estans veillez, visitez, ny corrigez de leurs fautes par la diuersité de Iuges qu'ils affectent, pour ce qui concerne leur Mestier, d'où prouient l'entretien du luxe de nos Sujets, n'y ayant auiourd'huy si petit qui ne fasse parade de richesse par la monstre des pieces d'Orfeureries de poids excessifs, iusqu'aux plus viles vtenciles de sa maison qui cause la penurie & rareté de monnoye, tant necessaire pour le commerce, & qui pis est le chommage de nos Monnoyes, n'y en ayant à present que quatre ou cinq qui trauaillent en nostredit Royaume, les matieres qui y sont destinées, & qui doiuent estre portées estans détournées, diuerties & enleuées par les Orfeures, par l'intelligence & correspondance qu'ils ont auec les Marchands Estrangers traficquans d'or & d'argēt au preiudice de nostredit Estat, & des Maistres des Monnoyes. A quoy voulant pouruoir, retrancher tous ses abus, oster le luxe qui en procede, & reparer le dommage & la perte qu'en reçoiuent nos Suiets. A CES CAVSES, Sçauoir faisons qu'apres auoir fait mettre cét affaire en deliberation en nostredit Cō-

seil,

ſeil, où eſtoient aucuns Princes, Seigneurs & grands Perſonnages ; De l'aduis d'iceluy, & de noſtre ſcience, pleine puiſſance, & authorité Royale, Nous auons dit & declaré, diſons & declarons par ces preſentes, ſignées de noſtre main, voulons & nous plaiſt, que le prix du marc d'or & d'argent par nous conſtitué & reglé par ledit Arreſt de noſtre Conſeil, du dixiéme Septembre dernier, regiſtré en noſtre Cour des Monnoyes, ſoit également gardé par les Maiſtres de nos Monnoyes, Orféures, Ioyaulliers, Merciers, Affineurs, Départeurs, Batteurs, & Tireurs d'or & d'argent, Graueurs, Doreurs, & autres Artiſans & Marchands, tant nos Suiets qu'Eſtrangers, trauaillans & traficquans d'or & d'argent en tout noſtre Royaume, Pays, terres &

Seigneuries de nostre obeyssance ; Leur faisant & à tous autres de quelque estat, qualité, & condition qu'ils soient, defenses d'y contreuenir, d'achepter ni vendre, directement ou indirectement le marc d'or & d'argent, en masse ou lingot, en œuure ou hors d'œuure, à plus haut prix que celuy qui est permis par nostredit Arrest du dixiéme Septembre dernier ; sçauoir le marc d'or fin trois cens quatreuingts quatre liures ; & le marc d'argent le Roy à vingt-cinq liures, sur peine de confiscation des matieres, & vaissclles d'or & d'argent qui se trouuerront auoir esté surachetées & suruenduës ; & outre de cinq cens liures d'amende contre les vendeurs, & de priuation de la Maistrise contre lesdits Orféures, Affineurs, & autres dessusdits pour la premiere fois, & de punition corporelle pour la ſeconde.

Defendons pareillement à toutes perſonnes, ſoit nos Sujets ou Eſtrangers, de quelque qualité & condition qu'ils ſoient, de vendre, eſchanger, trocquer ou permuter aucunes matieres d'or & d'argent, en maſſe ou lingot, ni vieille vaiſſelle d'argent fonduë, caſſée & rompuë, ſinon aux Maiſtres de nos Monnoyes, ſur peine de confiſcation; ſans toutesfois en ce comprendre les vaiſſelles & ouurages entieres portans façon, leſquels pourront eſtre vendus aux Maiſtres de nos Monnoyes & aux Orféures indifferemment, ſelon la commodité de nos Sujets. Et ſeront leſdits Maiſtres de nos Monnoyes, & les Orféures, tenus chacun à leur eſgard, faire bon & loyal Regiſtre

& papier ordinaire, de toutes les matieres, vaisselles & ouurages d'or & d'argent, qu'ils acheteront où sera escrite la quantité, qualité, & poids des ouurages & matieres qu'ils auront acheptées par chacun iour, pour lesdits Registres & Papiers representer quand ils en seront requis.

Et pour arrester le luxe & la trop grande superfluité des ouurages d'or & d'argent, qui est auiourd'huy en nostre Royaume, Auons aussi fait & faisons tres expresses inhibitions & defenses à tous les Orféures tant de Paris que des autres villes de nostre Royaume, de faire d'oresnauant & à l'aduenir, aucuns ouurages ciselez, grauez, & moulez pour quelques personnes que ce soit: Voulons qu'il soit fait inuentaire de tous ceux qui se trouueront dans leurs boutiques, & qu'il ſoit porté au Greffe de noſtre Cour des Monnoyes pour y auoir recours quand beſoin ſera, afin qu'il n'en ſoit abuſé. Defendons pareillement auſdits Orféures, de faire pendant vn an, & iuſques à ce que autrement en ait eſté ordonné, aucunes vaiſſelles ou ouurages d'or, excedant le poids de quatre onces; ni aucunes pieces de vaiſſelles d'argent, excedant quatre marcs d'argent, pour qui que ce ſoit; ſans en auoir par ceux qui commanderont les ouurages, noſtre permiſſion ſpeciale, par nos Lettres Patentes, ſeellées de noſtre grand Sceau, & enregiſtrées en noſtre Cour des Monnoyes, ſur peine de confiſcation deſdits ouurages, de cinq cens liures d'amende, cloſture de la boutiqne deſdits Orféures pour la premiere fois, & de punition corporelle en cas de recidiue.

Ordonnons ſuiuant les anciennes Ordonnances des Roys nos predeceſſeurs, & les noſtres, ſur le faict de l'Orféurerie, que tous leſdits Orféures de noſtre Royaume ſeront tenus d'oreſnauant, de vendre l'or & l'argent de leurs ouurages ſeparément de leurs façons, & leurs façons à part, & à cette fin qu'ils bailleront bordereaux ſignez d'eux, contenant le prix de l'or & de l'argent des ouurages par eux vendus & liurez, & de la façon de chacune piece, leſquelles façons voulons eſtre raiſonnablement arbitrées & reglées par noſtre Cour des Monnoyes, apres qu'elle en aura pris l'aduis des Maiſtres & Gardes de l'Orféurerie eſtans en charge, & des anciens Maiſtres & Experts dudit Meſtier, qu'elle iugera eſtre neceſſaire d'appeller & ouyr ; Voulans que ce qui ſera ſur ce ordonné par Arreſt de noſtredite Cour, ſoit entierement ſuiuy & executé, nonobſtant oppoſitions ou appellations quelconques ; & que le Reglement qui ſera par elle fait pour la façon des ouurages d'Orféurerie, ſoit publié & affiché par tous les lieux & endroits que beſoin ſera, tant en cette ville de Paris qu'és autres de noſtre Royaume : Et outre que chacun deſdits Orféures ait en lieu éminent dans ſa boutique vn Tableau, auquel ſeront eſcrites les valeurs des marcs d'or & d'argent, & le prix de leurs façons, à ce que d'oreſnauant tous nos Sujets ſoient rendus certains de ce qu'ils auront à payer pour chacune piece d'ouurage d'Orféurerie, & n'y puiſſent plus eſtre ſurpris ny deceuz.

Et pour regler le grand nombre d'Orféures qui eſt auiourd'huy en noſtre Royaume, notamment en noſtre ville de Paris, d'où procede en partie le déreglement dudit Meſtier; Voulons que le nombre en ſoit reduit & limité en chacune Ville où il y a corps d'Orféurerie eſtably, ſelon qu'il ſera trouué raiſonnable; & pour cét effect, que defenſes leur ſeront faites, comme nous leurs faiſons par ces preſentes, de plus prendre aucuns apprentifs, que premierement ils n'en ayent permiſſion, ſçauoir les Maiſtres de Paris, de noſtre Cour des Monnoyes, & ceux des autres Villes, des Iuges & Gardes des Monnoyes de leur Reſſorr, iuſques à ce que la reduction qui en ſera faite par noſtredite Cour des Monnoyes ayt eſtéentierement executée, ou qu'autrement

trement en ayt esté par nous ordonné.

Et pource que nous sommes bien aduertis que la premiere & principale cause du surhaussement du prix de l'or & de l'argent, du surachapt & de la suruente qu'en font les Orféures, de la rareté des monnoyes à nos coings & Armes, au preiudice du bien de nostre Estat, & de nos Sujets, prouient desdits Affineurs; lesquels bien que originairement instituez pour l'aduancement du trauail, & ouurage de nos monnoyes, les ruinent du tout par la soustraction & fonte qu'ils font dans leurs maisons priuées des matieres destinées pour la fabrication de nos monnoyes, & par l'encherissement & suruente qu'ils font, tant aux Orféures que autres Artisans, de l'argent par eux affiné, leur auarice les portant à fondre les meilleures especes de nos monnoyes ; Voulons que le nombre desdits Affineurs soit reduit par nostredite Cour des Monnoyes à douze ou quinze pour le plus, en nostre ville de Paris, & és autres Villes où il y a grand Commerce & Monnoye establie, à tel nombre que l'on iugera estre necessaire ; & que ladite reduction estãt faite, ceux qui se trouuerront les plus capables & plus experimentez pour seruir & aduancer le trauail de nos monnoyes, seront tenus & constraints d'aller faire leurs fontes, affinages, & departs, dans les Hostels de nos Monnoyes, où nous voulons estre dressez fourneaux & affinoires, à ce propres & necessaires, ou que les anciennes, si anciennes y a, soient refaites & rebasties le plus promptement que faire ſe pourra; & les refections & reparations d'icelles baillées au rabais & moins diſans, en noſtredite Cour des Monnoyes; & les deniers qu'il conuiendra pour cét effect, fournis par les Treſoriers de noſtre Eſpargne, és mains des Receueurs generaux des boiſtes pour employer auſdites reparations, cependant & iuſques à ce que les affinoires ſoient faites & miſes en eſtat d'y pouuoir trauailler, faiſons tres-expreſſes inhibitions & defenſes à tous leſdits Affineurs d'auoir ou tenir en leurs maiſons, ny ailleurs, aucuns fourneaux propres à fondre & affiner metaux, en quelque ſorte & maniere que ce ſoit, & de fondre & affiner aucunes de nos monnoyes d'or & d'argent, ſur peine de punition corporelle, & d'amende arbitraire. Veulons que dés à present leurs soufflets soient seellez, & leurs fourneaux & affinoires rompuës dans leurs maisons, par les Commissaires qui à ce faire seront deputez par nostredite Cour des Monnoyes.

Et pour ce qu'il se commet plusieurs larcins de vaisselle & ouurage d'or & d'argent és maisons des Princes, & Seigneurs, & de plusieurs nos Sujets, dont il est difficile d'auoir aduis ny connoissance par les recelez & fontes secrettes qui s'en font en des fourneaux qui sont és maisons des particuliers, Defendons par ces presentes à toutes personnes, de quelque estat & condition qu'elles soient, d'auoir & tenir en leurs maisons, sous quelque pretexte que ce soit, aucuns fourneaux à fondre metail, & faire essays, fors les Orfeures, qui doiuent auoir leurs fourneaux en leurs boutiques; Voulans que toutes fontes & essays soient d'oresnauant faits és Hostels de nos Monnoyes, sauf à ceux qui ont besoin de fourneaux pour les operations de la Medecine, à se retirer pardeuers Nous pour en auoir la permission, & la faire registrer en nostre Cour des Monnoyes. Enioignant à tous autres qui en tiennent en leurs maisons par curiosité ou autrement, de les rompre & abbattre dans trois iours apres la publication des presentes, sur peine d'amende arbitraire.

Et pour la conseruation de l'or & de l'argent en nostre Royaume, Auons, suiuant les anciennes Ordonnances des Rois nos predecesseurs, & notamment suiuant la derniere Declaration du feu Roy Henry le Grand nostre tres-honoré Seigneur & Pere, du quinziesme Feurier mil six cens neuf, defendu & defendons tres-expressément à tous Marchans, tant nos Sujets, Regnicoles, qu'Estrangers, de plus éloigner les matieres d'or & d'argent qu'ils apporteront en France de nos plus prochaines Monnoyes, ny trãsporter hors de nostredit Royaume, Pays, terres, & Seigneuries de nostre obeïssance, aucun or ou argent monnoyé ou non monnoyé, ny ouurages d'Orfeurerie, soit en grosserie ou menuiserie, sur peine de confiscation des matieres & marchandises, & autres choses qui se trouueront emballées auec lesdites matieres & ouurages d'or & d'argent, mesmes des charrettes, harnois, & cheuaux qui les porteront, à qui que ce ſoit qu'ils puiſſent appartenir, de cinq cens liures d'amende, & de punition corporelle s'il y eſchet. Voulons que toutes nos Ordonnances ſur le faict de l'Orfeurerie, notamment celle du feu Roy Henry ſecōd du mois de Mars mil cinq cens cinquante-quatre, pour la reformation & Reiglement des Orfeures, Ioyaulliers, Affineurs & Departeurs, Batteurs & Tireurs d'or & d'argét par tout noſtre Royaume, ſoient exactement gardées & obſeruées ſelon leur forme & teneur, Nonobſtant toutes Declarations & Arreſts, ſoit de noſtre Conſeil ou de nos Parlemens, que leſdits Orfeures & autres artiſans ſuſnommez pourroient auoir obtenus au contraire, leſquels entant que beſoin eſt ou ſeroit, Nous auons reuoqué & reuoquons par ces preſentes. Voulons auſſi que de toutes les contrauentions qui ſeront faites à noſdites Ordonnances, & au contenu en ces preſentes, pour ce qui concerne le faict de noſdites Monnoyes, Orfeures, & leurdit Meſtier, il ſoit à la requeſte de noſtre Procureur General en noſtre Cour des Monnoyes promptement informé par noſtredite Cour, & les Deputez d'icelle allans par nos Prouinces faire leurs viſitatiõs & cheuauchées, Generaux Prouinciaux, & Gardes de nos Monnoyes, à l'encontre des contreuenans, pour eſtre les procés faits & parfaits, iuſques à iugement diffinitif incluſiuement, nonobſtãt oppoſitions ou appellations quelconques, & ſans preiudice d'icelles, leſquelles ſi aucunes ſont interiettées, Voulons ſuiuant les Edicts d'erection & eſtabliſſement de noſtredite

dite Cour des Monnoyes, estre releuez en icelle, à laquelle entant que besoin est ou seroit, nous en auons attribué toute Cour, Iurisdiction & cognoissance, & icelle interdite à toutes nos Cours de Parlement, & autres Iuges quelconques. SI DONNONS en mandement à nos amez & feaux les gens tenans nostre Cour des Monnoyes, que ces presentes ils ayent à faire lire, publier, & registrer, & le contenu en icelles obseruer & entretenir par tous nos Sujets de quelque condition qu'ils soient, sans souffrir ou permettre qu'il y soit contreuenu, en quelque sorte & maniere que ce soit. Enioignant à nostre Procureur General & ses Substituts en nos Monnoyes d'y tenir la main, & de certifier nostredite Cour de leurs diligences & poursuites. Et d'autant que de ces presentes on pourra auoir affaire en plusieurs & diuers endroits, Nous voulons qu'au vidimus d'icelles faict par l'vn de nos amez & feaux Conseillers & Secretaires, ou par le Greffier en chef de nostredite Cour des Monnoyes, foy soit adioustée comme au present original, Nonobstant aussi tous Edicts, Ordonnances, Declarations & Arrests, soit de nostre Conseil ou de nos Parlemens, & autres Lettres cõtraires: ausquelles quant à ce & aux derogatoires des derogatoires y contenus, Nous auons derogé & derogeons par ces presentes. CAR tel est nostre plaisir. EN tesmoin dequoy nous auons faict mettre nostre seel à cesdites presentes. DONNE' à Noisy le vingtiesme iour de Decembre, l'an de grace mil six cens trente-six. Et de nostre regne le vingt-septiesme. Signé LOVIS. Et sur le reply, Par le Roy, DELOMENIE. A costé, Visa. Et scellé de cire verte du grand seel sur lacs de soye rouge & verte. Et sur ledit reply est encore escrit :

*Leuës, publiées & registrées, ouy & ce requerant le Procureur General du Roy, pour estre executées & obseruées selon leur forme & teneur, suiuant l'Arrest de ce iourd'huy. A Paris en la Cour des Monnoyes, le huictiesme Ianuier 1637.* Signé, DELAISTRE.

# Extraict des Registres de la Cour des Monnoyes.

*VEV par la Cour les Lettres Patentes du Roy en forme d'Edict à elles addressantes, données à Noisy le vingtiesme Decembre dernier, signées* LOVIS, *Et sur le reply, Par le Roy,* DELOMENIE, *à costé Visa, seellees du grand seel, & contrseellées de cire verte sur lacs de soye rouge & verte: portant entre autres choses, que sa Maiesté veut que le prix du marc d'or & d'argent constitué & reglé par Arrest de son Conseil du dixiesme Septembre aussi dernier, registré en ladite Cour, soit également gardé par les Maistres de ses Monnoyes, Orfeures, Ioyalliers, Merciers, Affineurs, Departeurs, Batteurs & Tireurs d'or & d'argent,*

*Graueurs, Doreurs, & autres Artisans & Marchands, tant ses Suiets qu'Estrangers trauaillans & trafiquãs d'or & d'argent en tout son Royaume, sçauoir le marc d'or fin trois cens quatre vingts quatre liures, & le marc d'argent le Roy vingt-cinq liures, & Reglement sur le faict du Mestier d'Orfeurerie, & des ouurages d'iceluy, & aussi pour les Affineurs & autres y denommez, & l'ordre que sa Maiesté prescrit pour l'achapt & vente de l'or & de l'argent, & façons desdits ouurages d'Orfeurerie, comme plus au long est contenu audit Edict, par lequel est mandé à ladite Cour faire lire, publier, & registrer ledit Edict, & le contenu en iceluy obseruer & entretenir, à ce qu'il n'y soit contreuenu: Enioignant au Procureur General en icelle Cour, & ses Substituds aux Monnoyes, d'y tenir la main. Ouy sur ce ledit Procureur*

General, qui a requis l'enregistrement & publication. LA COVR a ordonné & ordonne, que ledit Edict sera registré és registres d'icelle, pour estre executé, gardé, & obserué selon sa forme & teneur, leu & publié à son de trompe & cry public par les Carrefours & lieux publics de cette ville & faux-bourgs de Paris, à ce qu'aucun n'en pretende cause d'ignorance: & que coppies collationnées par le Greffier de ladite Cour à l'original, seront enuoyees aux Generaux Prouinciaux, & Gardes des Monnoyes, pour aussi faire lire, publier & executer ledit Edict & present Arrest chacun d'eux dans l'estenduë de son ressort, ausquels & aux Substituds dudit Procureur General sur les lieux elle a enioint & enioint de tenir la main à l'execution, & certifier ladite Cour de leurs diligences & poursuites, sur peine de respondre des contrauentions en leurs *noms. Faict en la Cour des Monnoyes le huictiesme Ianuier mil six cens trente sept. Signé,* DELAISTRE.

*L'an mil six cens trente sept, le quatorziéme iour de Ianuier, l'Edict du Roy contenu cy dessus, a esté leu & publié à son de trompe & cry public aux carrefours & autres lieux ordinaires de cette ville & fauxbourgs de Paris, en la presence de nous Nicolas Lambert, Iacques Blõdel, & Michel Rebours Huissiers en la Cour des Monnoyes soubs-signez, par Simon le Duc Iuré Crieur en ladite Ville, Preuosté & Vicomté de Paris, accompagné de Mathurin Noiret Iuré Trompette, & de deux autres Trompettes, à ce qu'aucun n'en pretende cause d'ignorance. Signé Lambert, Blondel, & Rebours.*

Collationné aux originaux par moy Greffier en chef en la Cour des Monnoyes, soubs-signé.

www.ingramcontent.com/pod-product-compliance
Lightning Source LLC
LaVergne TN
LVHW010012230826
846092LV00002B/769

* 9 7 8 2 3 2 9 6 5 0 9 1 3 *